바카라 완전정복

바카라 완전정복

초판발행일 | 2019년 12월 7일

지은이 | 빅토르 강
그림 | 에일린 최
펴낸곳 | 도서출판 황금알
펴낸이 | 金永馥

주간 | 김영탁
편집실장 | 조경숙
인쇄제작 | 칼라박스
주소 | 03088 서울시 종로구 이화장2길 29-3, 104호(동숭동)
전화 | 02) 2275-9171
팩스 | 02) 2275-9172
이메일 | tibet21@hanmail.net
홈페이지 | http://goldegg21.com
출판등록 | 2003년 03월 26일 (제300-2003-230호)

값은 뒤표지에 있습니다.

ISBN 979-11-89205-53-9-93320

BACCARAT

바카라 완전정복

글 • 빅토르 강

그림 • 에일린 최

황금알

차례

1. 글을 쓰기까지

카지노 실내의 공기가 혼탁하였다. 엉뚱하게도 그 이유가 담배 연기 때문이 아니고 게임의 열기 때문이라는 생각도 들었다. 필리핀 마닐라, 공항에서 가까운 힐튼호텔. 이른바 리조트 월드 안이다.

게임에 싫증도 났고 내일 스쿠버다이빙 장소인 팔라완행 국내선 비행기를 일찍 타야 해서 방으로 향하려는 순간이었다. 여성의 탄식인지 비명인지 타지에서 맞닥뜨린 익숙한 한국말이 내 발길을 붙잡았다. 목소리를 쫓아 장면을 바카라 테이블에 앉은 유난히 하얀 뒷목의 여인에게 눈길이 멈춘다. 무슨 일인가?

나도 모르게 그쪽으로 가서 비스듬한 위치에서 관전하였다. 혼자서 바카라를 하는 30대 초반쯤의 한국 여성이었다. 깔끔한 티셔츠 차림에 하얀 운동화의 그녀는 피아니스트를 떠올릴 만큼 가늘고 긴 손가락으로 아슬아슬 칩을 집었다 놓았다 하고 있었다. 응원하는 심정으로 조용히 구경하고 있었는데 돈을 많이 잃은 듯 안절부절못하더니 칩이 많이 남지도 않았는데 여러 개씩 베팅하는 게 심상치 않다. 아니나 다를까 금세 오링되었다. 예쁜 얼굴이 울상이 되더니 어디론가 핸드폰을 한다. 그럴 리 없지만 나에게 돈을 빌리려고 말을 걸까 봐 불안한 마음이 들어 그곳을 피하여 방으로 올라왔다. 그러나 사실 되짚어 보니 그 패배의 상황을 더 지켜보기가 딱했던 것이다.

객실 안은 쉼 없이 돌아가는 강한 에어컨 바람으로 시원하였다. 옷을 입은 채 잠깐 침대에 누웠는데 아까 여인이 생각이 났다. 한참 일하거나 인생 시작인 젊은 사람들이겠지. 마카오 MGM이나 City of Dream 등에서는 무수하게 한국 사람들을 만나고는 하는데 여행객이 호기심으로 하는 경우들도 있지만 젊은이들이 동패를 하여 바카라에 매달리고 돈을 잃는 경우도 흔하게 목격하게 된다.

 그러나 이번은 왠지 이전의 경우들과는 다르게 더 가슴이 아팠다. 쓸데없는 걱정이 드는 것은 나에게도 장성한 딸이 있어서 그런 것인지도 모르겠다. 무슨 심경의 변화였는지 나는 벌떡 일어나서 글을 쓰기 시작했다. 더 이상 한국 사람들이 외국 카지노 바카라 게임에서 돈을 많이 잃는 것을 방관할 수 없었다. 고심 끝에 내가 발견한 공식(시스템)을 공개하기로 결심했다. 돌발 상황에 대한 감정 컨트롤과 자기 통제가 어느 정도 전제되어야 하는 공식이기는 하지만, 흔들리지 않고 이 공식을 잘 적용하기만 한다면, 더는 바카라에서 크게 낭패를 볼 일은 없을 것이라고 생각하기 때문이다.

 내가 카지노를 처음 접했던 기억은 25년 전으로 거슬러 올라간다. 당시 회사 출장 차 라스베이거스 MGM 호텔에 묵었었는데 그곳 카지노를 구경할 겸 들렀다가 150불을 따게 되었다. '초심자의 행운'이었을 수 있었겠지만, 딴 돈으로 회사동료들에게 저녁 식사를 한 턱 냈던 기분 좋은 기억으로 남아있다.

나의 유년시절을 떠올려 보면, 승부에 대한 기질은 어릴 때부터 매 순간 나의 인생에 함께 해왔다고 봐도 무방하다. 한 예로 초, 중학교 때는 이른바 삼치기(짤짤이)를 하면 승률이 아주 높았다. 어린 때는 승부를 즐기는 것에 누구나 관심을 끌게 마련이다. 세상을 경쟁사회 같이 느끼며 노력해서 시험도 합격해야 상급학교도 가고 운동시합이든 경시대회든 승부에 이겨야 하는 것으로 생각하던 시절이다.

세월이 조금 더 흘러 대학에 들어가서는 바둑을 배우게되었다. 일단 호기심을 가지고 시작한 게임 종목에서는 반드시 끝장을 보고 승률을 높이고 싶은 성격인지라 독학으로 연구하기 시작하였다. 바둑 관련 서적도 귀했던 시절이었는데 독학으로 시작한 지 1년이 안 되어 잘 둔다는 소릴

들었는데 현재 즐기진 않지만 아마추어 5단이다.

사회에 나와 골프장에 오랫동안 근무하였는데 나중에는 운영에 참가했다. 골프대회, 내기골프 관전을 하며 승부는 실력도 중요하지만, 그에 못지않게 게임에 임하는 수단이나 심리상태 등도 크게 작용하는 것을 깨달았다. 곧 전략이나 자신감 등이 승패를 좌우한다는 진리를 약간 깨닫게 된 것이다.

바쁜 사회생활 중에도 지식에 대한 끊임없는 갈증으로 역사학 석사학위를 취득하게 되었는데 그 안에서도 게임의 법칙으로 이어지는 단서들을 읽을 수 있었다. 역사 속 수많은 전쟁들에서도 작전, 군대의 사기, 의지나 목적이 병력이나 무기보다 더욱 중요한 요소로 작용했다는 사실이다.

실제 내가 승부를 겨뤘던 골프시합들에서도 이런 깨달음은 많은 도움이 되었다. 나의 본래 실력은 상대방에 비해 낮았으나, 매 순간 바람, 습도, 잔디 상태를 고려하고, 상대방에 대한 세밀한 관찰, 거기다 승리를 향한 나의 강한 의지까지 더해져 승률은 유지되었다.

삼 년 전 내가 대표로 있는 회사원 전부가 마카오로 견학을 간 적이 있었는데, 그때 즈음 회사 오너가 카지노 설립에 관심을 가지자 필자는 정보수집과 연구를 목적으로 마카오뿐만이 아니라 세계 여러 군데 카지노를 방문하게 되었다. 시설이나 운영방식, 조직 등만 유심히 보는 것 외에도 게임에 임하는 고객들의 심리도 파악해 보기 위해 직접 카지노 안 다양한 게임들에 뛰어들어 보기도 하였다. 다른 게임들에서는 크게 매력을 느끼지 못했지만, 바카라는 조금 달랐다. 마치 유년시절 삼치기의 복불복과 유사한 단순하고 명료한 게임의 룰과 (물론, 더 세밀하게 바카라를 파고들자면, 다양한 변수들과 반전의 묘미가 존재하지만), 운에만 의존하는 것이 아닌 나 스스로의 감에 따른 선택이 승률에 크게 작용한다는 점이 승부욕을 자극했다. 딜러와의 기 싸움, 판세의 흐름을 읽어보며 내리는 스스로의 판단, 그리고 배팅액을 자유롭게 조절하여 밀고 당기며 높은 확률로 재미있었던 것이다.

   그 이후 몬테카를로(모나코)나 프랑스의 카지노에서도 나는 바카라를 통해 약간 돈을 벌었지만 도박해서 돈을 버는 것은 나와 맞지 않는다고 생각했다. 그래서 절제를 하곤 하였다. 그것은 내 인생의 멘토라 할 수 있는 K회장의 가르침이 있었기 때문이었다. 젊은 시절 선물투자에서 하루에 수십억을 벌고 잃었던 경험이 있던 그분은 투기나 도박은 가위바위보 해서 이기는 것 같다고 하였다. 스무 번 계속 이기면 천문학적 돈이 되지만(아마 그쯤 되면 스스로를 인간 이상으로 생각할 수도 있겠다.) 마지막에 지면 결국 아무것도 아니라는 것이다. 결국, 땀 흘려 번 돈만이 진짜 인생에 보탬이 된다는 말이다. 내가 결코 동감하는 말이다.

   하지만 '바카라'는 것이 어떤 게임인가. 그것을 한번 맛보고 즐기게 되면 끌리게 되고, 누구나 망하게 된다. 필자도 본격적인 연구를 위해 많은 횟수로 게임에 참여하기 시작하자 어쩌다 한번 해서 땄을 때와는 다르게 상당한 금전적 피해를 겪기도 하였다.

그러나 나는 포기하지 않고 실패 하나하나를 거름 삼아 연구를 거듭했다. 승리와 실패를 고루 겪으며 다양한 게임 경우의 수를 접하게 되었고, 그 안에서 많은 법칙들을 실험해보았다. 그 결과 우연히 바카라에 임하는 나만의 독보적인 방식을 생각해 내었고 그 공식에 따르는 한 절대적으로 안전하게 게임에 승리할 수 있다는 결론에 이르렀다. 일확천금을 가져다주는 것은 아니지만, 바카라를 하며 망하지 않는다는 확신 속에 머물게 된 것이다. 나는 이제 공개하려는 방식을 '바카라 이기기'가 아닌 '바카라 살아남기'라고 부른다.

비판과 보완의 요소가 있을 수 있으나 누가 발견한 것보다 단순한 원리이며, 이 공식은 전 세계 몇천만 명 그 이상 되는 바카라 플레이어 중에서 단 한 사람, 나 혼자만 사용하는 방식임은 틀림없을 것이다.

Las Vegas, acrylic on canvas, 27.3x22cm, 2019

2.카지노 게임에서 게임을 하는 것은 죄가 아니다.

라스베이거스에서는 여러 가지 전시 박람회가 자주 열린다. 그런 곳에서 스쿠버다이빙 기재, 산업 전시회 때나 골프장 슈퍼인텐턴트(코스관리책임자) 학회 등이 열렸을 때 내 동료들이 슬롯 머신 기계에 잠깐 앉은 것이나, 말레이시아 겐팅리조트에 가족여행 갔을 때 짬을 내어 룰렛에 잔돈을 거는 것들은 물론 가볍게 봐줄 수 있다.

여기서는 블랙잭 테이블에 돈을 따려고 장시간 앉아서 게임을 한다든지 우리가 도박에 빠졌다 할 정도를 말한다. 물론 법을 어긴다 아니다 그런 차원의 얘기는 아니다. 주식투자가 죄가 되는가? 우리는 선택한 종목의 기업발전을 위해서만 사는 것이 아니다. 주가가 상승하여 돈을 벌려고 사는 것이다. 하지만 젊은 사람이 일을 안 하고 주식을 사고파는 데 혈안이 되거나 분간을 안 하고 돈을 끌어모아 투기를 하고 그런다면 그건 건전한 생활이 아니다.

더욱이 그런 투자도 손실을 많이 본다면 자신에게 때로는 가족이나 주변 사람들에게 죄가 될 수 있다. 합법적으로 있는 곳 예를 들어 강원랜드에 종종 가서 돈을 번다면 누가 탓하고 잘못이라고 할 수 있겠는가. 하지만 우리는 카지노는 그렇게 만만한 곳이 아니고 무서운 곳이라 생각해야 한다. 우리는 생각에 따라서는 단순하고 연약한, 자금도 미미한 존재이다.

그에 반해서 카지노는 막강한 자금, 거대한 시설과 그리고 인원을 갖춘 곳이다. 거의 대부분, 단순하게 얘기하면 그곳에 자주 가서 게임을 하는 모든 사람들이 패배를 한다고 말해도 될 것이다. 분명하게 내가 생각하는 것은 그렇게 '게임에 빠져서 재산을 탕진한다면, 그것은 죄가 되는 것이다.'라는 것이다.

slot machine. ink&color pencil on paper. 9x14cm. 2019

3. 카지노 게임 중에

카지노 게임 중 우리에게 승률이 높은 것은 바카라이다.

40년 전 퇴계로 2가의 아스토리아 호텔의 오락실에 몇 번 다닌 적이 있다. 근처 스카라극장 근처에 살던 친구 L은 부지런히 핸들을 돌렸고 바바리코트 속에서 손을 움직여 나는 부지런히 나온 그림들을 기록하였다. 7 혹은 BAR가 가운뎃줄에 나란히 있으면 큰돈을 버는 것이고 노란 종이 연속하여 표시되어도 코인은 쏠쏠하게 떨어졌다.

기록한 데이터를 가지고 적게, 그리고 많이 베팅할 타이밍을 정하려던 우리의 계획은 무산되었다. 쓰리(three)바

이른바 잭팟이 터지려는 순간 마지막 BAR는 바로 직전에 멈추거나 아슬아슬하게 스쳐 내려가 버렸다.

모든 기계는 오락실(속칭 파친코)에서 통제하고 있는 것이다. 비슷한 원리와 기계 모양을 갖춘 슬롯머신은 오늘날 카지노에서 전자식으로 바뀌었고 시대에 걸맞게 컴퓨터 칩에 의해 완벽하게 컨트롤 된다.

우리는 요행을 바라지만 통제되고 주어지는 결과에 기대를 하고 앉아서 그저 버튼을 누르고(과거 핸들을 돌리듯) 결국 주머니를 털린다.

마카오 같은 데서 많이 보이는 기계 다재다복(多財多福)을 보면 솥에 금화가 쌓인다. 많이 쌓여 있어서 금방 터질 듯하면서 오래간다. 또 터지더라도 아주 소소한 보너스만 플러스될 뿐이다. 심심풀이로 기계를 택해 앉은 것이 거액을 삼키고도 모른 척하는 그것의 희생양이 될 수 있다.

돈(기계에 표시된 숫자)이 빠져나가기 시작하면 회복이 힘들고, 기다리던 보너스(free wheel chance)가 주어져도 복구되지 못하기 마련이다. 본전 생각에 베팅을 크게 하게 된다. 하지만

풀베팅은 진공청소기처럼 거액이 빠져나가 더 위험할 뿐 의미가 적다.

기본적으로 기계가 주는 것에 따라 곧 선택하는 것이 아니고 선택당하는 게임은 하는 것 자체가 무의미하고 가련한 일이다. 최소 유니트(unit)만 심심풀이로 해 보겠다 하지만 계속하게 되는 것을 경계해야 한다.

아쉬움과 혹시나 하는 것은 거액을 빼앗기게 한다.
또 시간 낭비, 눈 피로에 손가락까지 아프게 한다.
바카라 플레이어라면 이것은 아예 안 하면 좋을 것이다.

룰렛은 어떨까?
마모된 기계의 축을 계산하거나 기울어진 것을 계산

하여 큰돈을 벌었다는 것은 현재 믿을 가치 없는 이야기이다. 책으로도 나와 있지만, 물리학과 확률을 포함하는 수학이 도박에 끼어드는 것은 이론적이고(우리 같은 평범한 사람들에겐) 위험한 생각이다.

대수의 법칙은 카지노가 설정한 엣지의 축적과 이익에만 해당한다. 노름꾼들이 오랫동안 게임을 하게 되면 모든 돈은 개평꾼(혹은 도박장 주인) 몫이다. 프랑스 니스에 갔을 때이다. Barriere 카지노에서 레드와 블랙 양쪽에 큰돈이 걸렸을 때, 주사위는 0으로 가는 것이 삼십 분 정도의 시간에 세 번이나 목격되었다.

확률로 있을 수 없는 일들이 전자식 룰렛에서는 쉽게 벌어진다. 때로 행운이 있을 수 있으나 길게 보면 우리가 선택하는 것이 아닌 것은 결코 의미가 없고, 미끼 아니 낚싯바늘 없는 낚싯대를 물속에 던진 채 잡고 있는 존재처럼 게임을 하고 있는 것이다.

그에 반하여 바카라는 한게임, 한게임 절반에 가까운 승률이 있고 우리가 선택할 수 있는 것이다. 뱅커와 플레이어의 확률은 거의 비슷하다. 또한, 걸 것인가, 말 것인가 선택할 수 있고 베팅양을 마음대로 정 할 수 있다. 마카오 포시즌 호텔의 플라자카지노 이 층(언제나 조용하다)에서는 중국인 몇 명이 한 테이블을 정해 몇 명이, 그야말로 작전 세력처럼 게임을 하는데 한 명이 정해 거액을 걸면 주변 동패들도 따라서 같은 곳에 모두 베팅하니 결과에 따라 딜러의 표정이 변하곤 하였다.

여기저기 돌아다니며 이 테이블, 저 테이블 게임할 수 있는 장점도 있다. 그렇게 못하게 하는 곳이 많지만, 말레이시아 겐팅의 리조트월드에서 보니, 어떤 사람은 한군데 앉아 게임을 하면서, 그 양쪽 두 개 테이블에 곁들여서 그림이 맘에 들 때마다 베팅하는 것을 본 적도 있다.

유럽은 바카라가 처음 시작된 곳이지만 아시아나 미국에 비해 덜 성행되는 듯하다. 보통사람이 이길 확률의 순

서는 바카라, 다이사이, 룰렛, 블랙잭, 슬롯머신, 경마, 고
스톱순이며 맨 마지막이 복권이다. (수치는 부록에 게재
한다.)

바카라 기다리는 루이. ink on paper. 10x7cm. 2019

4. 바카라게임의 요령

바카라는 테이블에 앉아서 딜러와 마주하여 혼자만 할 수도 있다.

하지만 게임을 쉰다든지 작전을 짜거나 한숨을 돌린다든지 여유를 가지고 하려면 다른 사람들과 어울려 하는 게 좋다. 곧 보통은 다른 사람들과 같이하게 마련이다. 그런 경우 가능하면 그곳에서 처음 만나는 플레이어들과 즐겁게 같이 게임하는 것이나, 예의 바르게 행동하는 것도 중요하다.

외국에서 하는 경우 한국인이라는 것을 알기 마련이라

우리나라의 긍지를 위해서도 그렇지만, 예민해지거나 불쾌한 일이 생기면 게임에서 본인만 손해이기 때문이다. 물론 다른 사람들과 친해질 필요도 없다. 바카라게임은 부인(남편)이나 친구와 같이하거나 동패를 해서 하는 것이 불리하다고 나는 생각한다. 게임이 외에 신경 쓰는 부분이 있는 것은 좋은 것이 아니기 때문이다. 단순히 바둑을 두는 대국도 가족이 옆에서 구경하면 부담되는 것과 비슷한 것이다.

전 세계 카지노의 게임 중에서 점차 비중이 높아지고 있는 바카라는 세계 어느 곳에서나 방식과 규칙은 유사하다. 몬테카를로(모나코)와 강원랜드의 방식이 다를 바 없다. 카드오픈을 딜러가 하거나 베팅하는 본인이 할 수 있다는 것, 최저 베팅금액과 베팅한도금액의 격차의 다소(디퍼런스), 카드 주는 것을 기계가 하거나 딜러의 손으로 하는지, 카지노가 떼는 수수료(에지) 방식 차이, 모니터에서 진행 사항을 보여주는 방식 등등은 나라, 카지노에 따라서 다를 수 있다.

Baccarat, ink&colorpencil on paper, 14.9x10.2cm, 2019

같은 카지노에서도 VIP룸, 하이리미트룸, 멤버쉽 전용 룸 등에서는 차별하여 설정되어있다. 하지만 기본적인 것은 어느 곳이나 유사하다. 아울러 바카라게임을 하는 요령은 아주 단순하다. 뱅커와 플레이어로 둘로 나누어져 있는데, 우리는 아무 곳에나 선택해서 돈을 걸면(칩을 놓으면) 되는 것이다. 그 둘 중에서 높은 끗발이 이기는데 카드 두 장 합의 숫자로 판정한다. 우리나라 화투게임 가보처럼 9가 가장 높다.

하지만 두 장을 받고 낮은 수인 경우 경우에 따라 한 장을 더 받는 규칙이 있다. 그 규칙, 카드 받는 요령은 완전히 숙지하는 게 좋다. 승패가 종결되는지 아니면 카드를 한 장 더 받는지 정도는 알고 돈내기를 해야 하는 것이다. 드물게 딜러가 실수로(고의로 한다고는 말 못하겠지만) 플레이어를 속일 수도 있다.

먼저 플레이어의 경우 받은 두 장의 합이 0,1,2,3,4,5인 경우 한 장을 더 받으며 6,7인 경우는 기다리며(stands) 8이나 9는 그대로 승부한다. 뱅커의 경우 숫자에 따라 다소 복잡하다. 뱅커 처음 두 장의 합이 3인 경우 플레이어 세 번째 카드가 8인 경우 카드를 받지 않은 채 그대로 승부하나 1,2,3,4,5,6,7,9,10인 경우는 세 번째 카드를 받는다.

4인 경우 플레이어 세 번째 카드가 1,8,9,10이면 카드를 받지 않는다.

5인 경우 플레이어 세 번째 카드가 1,2,3,8,9,10이면 카드를 받지 않는다.

6인 경우 플레어 세 번째 카드가 6,7을 제외한 1,2,3,4,5,8,9,10 모두 카드를 받지 않으며,

7인 경우 그냥 카드 안 받고 기다려 승부하며, 8이나 9는 플레이어와 마찬가지로 그대로 승부한다(natural).

위의 카드 받는(drawing) 규칙에 따라 뱅커가 플레이어보다 이기는 경우가 확률상 높다. 그래서 카지노에서는 뱅커로 승리하면 커미션을 떼거나 뱅커에 돈을 걸어서 6으로

승리하는 경우 건 돈의 1/2만 지급한다. 그래서 사람에 따라서는 확실하지 않은 때는 뱅커에 돈을 거는 게 유리하다고 생각하기도 하고 반대로 기다리며 플레이어에만 베팅하는 방식(카지노에 주는 커미션을 사양하고자)을 취하기도 한다.

이상의 것을 표로 정리하면 다음과 같다.

추가방법 표		뱅커 최초 2장 카드 합계									
		0	1	2	3	4	5	6	7	8	9
플레이어 최초 2장 합계	0	둘 다 1매 추가			플레이어 1매 아래인 경우 추가카드가 뱅커 1매추가 8이외	2~7	4~7	6~7	플레이어 1매 추가	뱅커 승리	
	1										
	2										
	3										
	4										
	5										
	6	뱅커 1매 추가						비김			
	7								비김		
	8	플레이어 승리								비김	
	9										비김

순서도로 정리해본다.

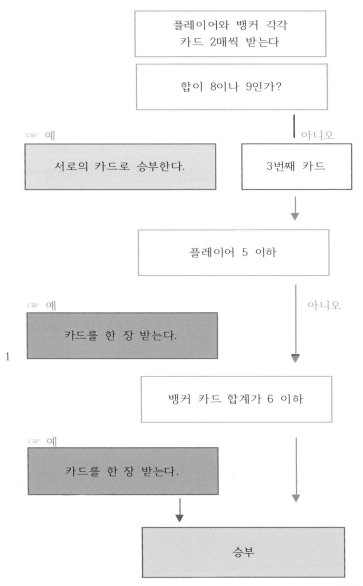

플레이어와 뱅커 각각
카드 2매씩 받는다

합이 8이나 9인가?

예

서로의 카드로 승부한다.

아니오

3번째 카드

플레이어 5 이하

예

카드를 한 장 받는다.

1

아니오

뱅커 카드 합계가 6 이하

예

카드를 한 장 받는다.

승부

바카라 게임의 요령이라면 다소 오만한 제목일지도 모르겠다.

진정한 요령이 있겠는가?

영국의 처칠은 다시 태어난다면 몬테카를로에 가서 레드가 아닌 블랙에 베팅하겠다고 농담을 한 적이 있다(아마 참여 게임은 룰렛일 것이다). 고난을 뚫고 영국과 연합국을 2차 대전에서 구한 영웅도 카지노에서는 어쩔 줄 몰랐다는 것이다. 천재 과학자 아인슈타인은 카지노 게임의 유일한 요령은 칩을 훔치는 것 단 하나라고 하였다.

바이런 허버트는 그의 저서 '파워 바카라'에서 네 가지 요령으로 다음을 들고 있다.

　　1. 규칙을 알고

　　2. 자기절제와 에티켓 지키되

　　3. 베팅종류와 최적의 타이밍을 찾는

　　4. 확률을 높이는 전략을 구사하라

중국의 비결서 축약하면 세 가지 요령으로 백가약 필승술적 삼대요결(百家樂 必勝術的 三大要訣) 다음을 들고 있다.

1. 시간 관리와 조용한 마음, 잠과 게임을 떠난 휴식
2. 정지(탐욕을 제어)
3. 앉아서 먼저 관찰을 나열하고 있다.

마카오 MGM스모킹라운지, 화면에 뜨는 글이 눈에 들어왔다. 'Gambling is no business, Stay in control'(조절할 수 있는 범위에 머물라). 자기제어, 셀프 컨트롤 얼마나 중요하고 좋은 말인가.

그러나 어려운 일이다. 소년 시절 시험이 내일 모렌데 놀기 바쁜 나. 부모님의 말씀에 따르는 것도 얼마나 어려웠던가. 후회의 때에 절실하게 다가오는 기억들.

옛말에도 큰 성을 정복하는 것보다 자기 마음을 다스리는 것이 더 중요하다고 하였는데 말이다.

여기 주워듣고 겪거나 모은 바카라의 자질구레한 요령들을 적어본다. 믿거나 말거나 이고 타산지석(他山之石)일지도 모르겠다. 또 두서없이 나열하다 보니 모순된 것도 있을 수 있다.

0. 항상 겸손하라

1. 한 슈의 중간 부분만 먹는다.

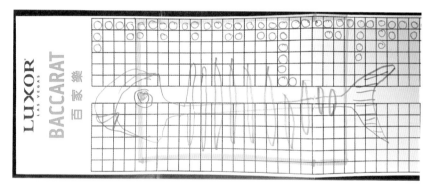

초반은 패턴을 관찰하고 후반에는 급변된 패턴을 회피하는 것이다.

2. 베팅을 줄이고 자꾸 죽어야(베팅을 쉬어야) 한다. 자주 죽지 않으면 완전히 죽는다.

절대 고수는 패가 잘 떠서가 아니다. 어려운 승부라고 판단될 때 좋은 패가 올 것 같은 유혹이 와도 미련 없이 버리는 냉정함에 있다.

3. 중대한 결정은 떠나야 할 때를 아는 것. 30%를 따면 일어선다.

먹으면 아니 먹던 말 던 일어서라. 일어서면 꼿꼿이 앞만 보고 나오라.

한 슈 평균 베팅 20번 이하로 하는 습관을 지녀라.

4. '잃을 때 조금, 딸 때 많이'를 지향하되 조바심내지 말라.

이긴 다음 이길 확률이 높고 진 다음 질 확률이 높다고 생각하라.

5. 장패(밑줄 등) 나오면 물결을 타되 그것만 기다리지도 말아라.

게임이 줄인 경우 3개, 6개, 8개째 주의하여라. 옆줄은 4개, 8개째 주의한다.

타이(tie)가 2~3개 나오면 긴 줄(열하나 이상)이 나올 수도 있다.

6. 타이의 종류는 ①경고성 타이

②심판 타이

③리턴 타이 등이 있는데,

타이가 나오면 무조건 쉬는 것도 좋은 방법이다.

영어책들에는 타이베팅은 하지 말라고 되어있다. 카지노 엣지가 크기 때문이다.

잘 모르면 뱅커에 베팅하라는 말과 비슷한 것인데 사람의 취향일 것이다.

나는 타이베팅은 물론 뱅커식스윈 등에도 베팅하지 않는다.

7. 딜러가 바뀌면 쉬어라.

8. 주변 사람과 대화를 하지 말되 기분이 안 좋은 사람이 있거나 게임 흐름이 안 좋다 판단되면 사정없이 일어나 테이블을 떠나라.

9. 증오심, 분노는 절대 금물.

10. 집중 받지 마라. 패를 받으려고 크게 베팅하지 말고 남에게도 양보하라.

11. 조명이 눈부신 곳(곧 조명등 마주보는 곳)은 피하는 게

좋다. 가장자리 좌석이 좋을 수도 있다.

12. 승리하는 듯한 사람 옆이 지고 있는 사람 옆보다는 낫다.

가능한 혼자서는 하지 마라.

13. 시끄러운 좌석도 피하고 모든 사람이 가는 베팅에 반대로 가지 마라.

14. 오링되는 사람 베팅에 반대로 가라는 말도 있지만 다른 사람의 불행을 이용하지 말고 쉬어라.

15. 낙관적인 마음을 유지하고 징크스는 신경 쓸 필요가 없으나 딜러의 인상이 독하거나 강하면 피하라.

16. 두 번 연속 지면 잠시 쉬는 것도 좋다. 세 번 네 번 계속 지거나 이겼다가 하강세의 느낌이 들면 아예 몇 시간 쉬어라.

17. 기세를 유지하라. 명랑하고 기분 나쁜 일이 있어도 인내하고 겉으로는 태평한 듯 하라.

이외에도 많을 것이다.

이하 제각기 느껴진 것, 실패의 교훈을 통해 얻은 요령, 자신의 특수성 감안 적어보자.

18.

19.

20.

축구시합에서도 흐름이 있다. 그리고 기세를 유지하는
데 카드 쪼으는 방법도 중요하다.

카드 쪼으는 것은 영어로는 스퀴즈(Squeeze), 일본인들
은 시보리(絞リ)라고 한다. 야구의 스퀴즈플레이처럼 짜내
는 것이다. 자신이 카드를 받는 경우 다른 반대편에 베팅
한 사람이 없다면, 먼저 자신의 카드를 보고 반대편의 것
을 딜러에게 오픈 요청해도 되고, 먼저 패를 까라고 한 뒤
쪼아도 된다.

한 장씩 요청하며 뜸을 들이 사람들도 있다. 9자를 펼쳐 놓고 그림(미국에선 '몽키', 중국인들은 '꽁'을 외쳐댄다.)을 기대하는 방식도 재미있다. 좋아하는 숫자에 갔다 대거나 호호 불고 카드를 씹어 먹을 듯이 구겨댈 필요는 없다.

하지만 맥없이 딜러에게 해달라거나 무성의하게 던지는 것보다 정성 들이고 정중하게 하는 것이 게임 분위기도, 승률유지(끗발 유지)에도 좋을 것이다. 테니스도 골프도 폼이 좋아야 성적이 좋다고 하는데 스타일 플레이어가 돼 보자.

세로로 카드 쪼으기

그림처럼 하나가 보이면 2나 3이다.

두 개가 보이면 4에서부터 10이 나올 것이다.

물론 왕관 같은 그림이 나오면 J,Q,K 곧10이다.

아무것도 보이지 않으면 A(1)일 것이다.

가로로 쪼으기

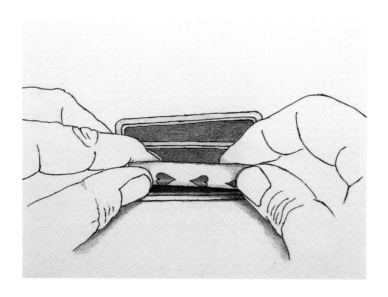

옆으로 쪼으는 것이다.

무늬가 없으면 A,2,3 이다.

두 개가 보이면 4나 5이고

위 그림처럼 세 개가 보이면(쓰리 라인, 쓰리사이드라고
한다.) 6,7,8이다.

물론 네 개가 보인다면 9,10이다.

가로로 쪼아볼 때 같은 방향 마크 없는 것은 6이며
역방향 마크 있는 것은 8이다.

이렇게 보는 두 장의 카드, 그 조합의 기대치가 각각 다
르니 묘미를 느끼며 하는 것이다.

monte—carlo. ink & watercolor on paper. 36x24.5cm. 2019

5. 베팅하는 법

바카라 고수에게 게임에서 가장 중요한 것 하나를 질문했다.

베팅의 강도 선택이라는 대답이 돌아왔다. 곧 베팅 전략이 매우 중요하다는 이야기이다. 이길 때 많이 먹고, 질 때 적게 베팅한다는 것은 최상의 것이나 때로는 그 반대로 하여 울상이 되거나 찔끔찔끔 먹고 많이 날린다.

깨를 줍고 기름 쏟는 격이다. 그 타이밍을 알 수 없기 때문이다. 전략과 작전도 중요하지만, 갑자기 골목에서 적이 나올 때 대처하는 것이 우선적인 것이다.

독일 슈투트가르트의 한 카지노에서 목격한 일이다. 푼토방코(유럽의 바카라)에서 중년의 아주머니가 계속 뱅커에만 베팅을 하고 있었다. 중국계 같았던 그는 그렇게만 하시면 그건 게임이 아니라는 내 말에 미소만 짓는 것이다. 두 시간 후에 다시 갔더니 그때도 쉬지 않고 뱅커에만 칩을 놓는 것이었다.

하지만 핸드백에서 연신 100유로 지폐를 꺼내 칩을 사는 것을 보면 돈을 많이 밑진 것으로 짐작되었다. 그런 베팅방법이 있다. 사실 뱅커는 플레이어에 비해 1.2% 유리하다(카드 받는 방법과 관련되어있다). 하지만 그것은 곧 유리한 확률은 무수하게 많은 경우를 거쳐야 그 확률대로 되는데, 그것을 '대수의 법칙'이라고 한다.

우리의 인생은 짧다. (어지간한 것들이 확률대로 되는 것을 보기에는) 또 그렇게 많이 바카라게임을 할 수도 없다. 그 아주머니가 몇 번 쉬면서 뱅커에서 나옴 직할 때만 그런다면 더 나았을 것이다. 실제로 그렇게 띄엄띄엄 뱅커에만 돈을 거는 것도 베팅하는 방법의 하나이다.

반대로 플레이어에만 (나올 때쯤 골라서) 베팅하는 사람들도 있다. 뱅커로 승리할 때 치러야 할 수수료(5% 커미션을 그때마다 주는 경우도 있고 6으로 승리할 때만 베팅액의 절반만 받는 경우도 있다.)를 절약하고자 함이다. 베팅의 한 방법이다.

타이에만 베팅을 하는 방법, 그런 사람들이 있다.
타이베팅은 적은 돈을 걸게 마련인데 성공하면 8배나 많은 돈을 받기 때문이다. 하지만 타이베팅에서 확률을 포함하여 생각한 카지노의 엣지(뜯어가는 부분)는 14.36%나 된다. 타이가 연달아서 네 번 나오는 것도 목격한 때도 있지만, 타이 베팅만 한다면 결코 성공할 수 없다. 그것은 확률 1/37인 룰렛의 인사이드 베팅(특정 숫자에 거는 것)이 (당첨시 횡재하지만) 성공할 수 없는 것과 마찬가지이다.

장패에만 베팅하는 방법이 있다.

밑줄이 연달아 이어지는 것(옆줄이 이어지는 것 포함하여)을 기다려 베팅하는 것이다. 마카오에서 보면 듬직하게 칩을 쥐고 기다리다가 그런 밑줄이 이어지는 것 같으면, 옆어가면서 베팅하는 중국인들을 쉽게 볼 수 있다.

나도 그런 경우를 보면 고민하지 않고 베팅해진다. 같은 것이 연달아 6~8번 이상 나오는 것은 수학적인 확률로는 희박하지만, 바카라에서는 종종 작작 나오는 것이니 확률을 거슬러 가는 그 맛 달콤한 것이다.

공부를 많이 한 사람 수학자나 물리학자 등이 확률을 생각해 그 반대로 하다가 깡통을 차게 된다. 초보 때 나도 바카라나 룰렛에서 당한 일이다. 고집이 강한 사람을 함몰시키는 게 역시 바카라이기 때문이다.

남과 반대로만 하거나 남이 가는 데로 베팅하는 방법도 있다.

남과 반대로 식은 딜러가 칩을 우루루 쓸어 가는데 독야청청 이기면 폼은 나지만, 주변의 눈살을 받으며 플레이하는 것은 바람직하지도 않고 나 혼자의 생각과 짐작이, 언제나 우수하다고 생각하면 역시 망하는 게 바카라이다.

외국 테이블에서 동포를 만나거나 마음이 맞는 사람이나 거액을 베팅하는 사람 옆에서는 따라서 하기가 쉽다. 하지만 바카라는 반대로 베팅하는 사람과 싸우는 게 아니며, 카지노와 싸우는 것임을 깨달아야 한다. 그래서 따라가서 힘을 실어주고 싶지만 아니다 생각되면 쉬거나 해야 한다. 남이 가는 데로만 무조건 베팅하는 것은 역시 게임이 아닐 것이다.

거액을 몇 개로 나누어서 감이 좋을 때만 베팅하는 방법(종종 목격한다.)과 단 한 번에 베팅하는 방법이 있다. 나도 단 한 번에 해보고 싶을 때도 있지만 성공하면 언젠가 또 하게 될 것이고, 그때 진다면 눈앞이 캄캄하리라 미리 짐작되어 하지 않는다.

나의 철학은 도박을 안 하는 것이다(합리화하는 것인지
는 모르지만). 사전적 정의로 우연에 돈을 거는 것이 도박
이고 실력으로 이기는 것은 도박이 아니다.

그래서 실력으로 '바카라에서 살아남는다' 이것이기 때
문이니 한 번에 왕창 거는 것은 나와 맞지 않는다. 프로도
박사는 도박꾼이 아니라는 것.

필자소장의 칩들(물론 큰 금액의 칩은 환전했기 때문에 없다.)

카지노에서는 돈을 거는 게 아니고 칩을 가지고 베팅하기 때문에 거액을 베팅할 때도 큰돈이라는 현실감이 안 드는 것도 주의해야 할 일이다.

베팅하는 양에 따라서 베팅 시스템들을 들어보겠다.

1) 파로리 시스템 (Paroli System)

paroli는 불어로 돈을 두 배로 건다는 것을 뜻한다. 베팅해서 이기면 당초 베팅액과 배당금을 모두 투자한다는 공격적인 베팅 시스템이다. 8번 이기면 256을 먹고 지면 -8이라는 계산이다.

그러나 지거나, 5연승 이상은 제자리로 돌아오는 것을 원칙으로 한다(클럽 파롤리시스템).

회수	1	2	3	4	5	6	7	8	9
베팅	1	1	2	4	8				
누계	1	2	2	2	2				
승수	×	O	O	O	O				
배당	0	2	4	8	16				
수지	-1	0	2	6	14				

2) 10% 베팅 시스템

가지고 있는 칩의 10%를 베팅하는 법, 당연히 이길 때는 커지고 질 때는 작아질 것이다.

예를 들어 300불이 있는 경우의 도표는 다음과 같다.

회수	1	2	3	4	5	6	7	8	9
승	30	33	36	40	43	---			
	330	363	399	439	---				
패		27	25	---					

3) 켈리 베팅시스템

초기에 10을 베팅한다면 10베트 이기면 15를 베팅(지면 초기 벱인 10으로 돌아감).

이기면 30을 베팅한다. 연달아 세 번 지면 30을 잃고, 세 번 이기면 45를 먹는다.

회수	1	2	3	4	5	6	7	8	9
베팅	10	15	30	45	70	100	---		

4) 마틴게일 베팅법(Martingale)

시골에서 윷놀이할 때 진편에서 두 배를 실어 다시 하는데 '곱타기'라 하는데, 이것이 마틴게일식 이다. 투자나 도박에 베팅하는 법으로 가장 먼저 배운다 할 정도로 인기가 있지만(원금을 보장한다 해서), 강원랜드(일반 룸)같이 최저베팅과 최대의 디퍼런스가 작은 곳에서는 사용할 수 없는 베팅법이다.

매력이 있지만 바카라에서는 위험성이 커서 현실성이 떨어지는 베팅법이다. 6번이 계속 지면 10을 건지려고 640을 베팅해야 하는 것이기 때문이다. 계속 지는 경우 1, 2, 4, 8, 16, 32, 64, 128, 256, 512, 1024--- 상상외로 커진다.

디퍼런스에 걸릴 수도 있고 그만큼 큰 실탄(자금)이 있느냐 하는 것도 부담인 것이다.

5) 피보나치(Fibonacci) 베팅법

피보나치는 수열을 연구한 이탈리아 수학자의 이름. 앞의 두수의 합이 뒤의 수가 된다.

이기는 경우 베팅은 다음과 같은 도표를 참고하면 된다.

회수	1	2	3	4	5	6	7	8	9
베팅	1	1	2	3	5	8	13	21	34

6) 굿맨(Good man)시스템

연승시 리스크 적다. 5베팅시 지면 본전.

회수	1	2	3	4	5	6	7	8	9
베팅	1	3	2	5	5	---			

7) 홍콩 크루즈(Hong Kong Cruise)시스템

판수	1	2	3	4	5	6	7	8	9	10	11
패배시	3	4	5	7	9	12	16	21	28	37	50
승리시	6	8	10	14	18	24	32	42	56	74	100

8) 베네트법

회수	1	2	3	4	5	6	7	8	9
베팅	1	3	2	6	---				

         x 3   x 3

지면 1로 돌아간다.

9) 31 시스템

31유니트를 준비한다.

회수	1	2	3	4	5	6	7	8	9
베팅	1	1	1	2	2	4	4	8	8

10) 몬테카를로법

좀 복잡하다(1 2 3). 처수와 뒤수의 합 4를 베팅(1 2 3 4) 5를 베팅 ---

표로 보면 아래와 같다(승패도 시뮬레이션 해본다).

회수	1	2	3	4	5	6
수열	1 2 3	1 2 3 4	1 2 3 4 5	1 2 3 4 5 6	(1 2) 3 4 (5 6)	3 4 7
베팅량	4	5	6	7	7	10
승패	x	x	x	o	x	x
배당	0	0	0	14	0	0
수지	-4	-9	-15	-1	-8	-18

회수	7	8	9	10	11	12
수열	3 4 7 10	3 4 7 10 13	3 4 7 10 13 16	(34)710 (13 16)	7 10 17	(2 10 17)
베팅량	13	16	19	17	24	0
승패	x	x	o	x	o	-
배당	0	0	38	0	48	-
수지	-31	-47	-9	-26	22	22

그 외에도 1-3-2-6 시스템은 4회의 베팅이 완성되거
나 지면 1로 돌아오는 식이며, 슈퍼 마틴게일 시스템은
1-3-7-15-31-63-127-255-511-1023식으로 나간다.

50년 전 도박사 오스카의 이름을 딴 Oscar's Grind 시
스템은 한번 걸어서 이기면 사이클이 끝. 다시 시작하거나
지면 새 사이클이 된다.

그 외에도 유럽 수학자들이 생각해낸 몇 가지 베팅법(주
로 룰렛 대비), 일본사람들이 고안한 두어 가지 베팅법들
이 있다. 카지노를 이기기 위해 오늘날도 그렇지만 과거에
도 부단히 연구를 했다. 그러다 보니 이런저런 베팅시스템
이 많이 생산된 것이다. 연승을 할 때는 걱정이 없지만, 어
떤 베팅법도 계속 지거나, 많이 베팅하여 졌을 때는 어쩔
줄 모르거나 당황하게 된다. 이점은 어떤 베팅하는 법도
해결해주지 못하고 있는 것이다.

Kangwonland. watercolor on paper. 36x24.5cm. 2019

강원랜드. 디퍼런스가 작아 한번 지면 찾기 힘들다 생각하기 쉬운데 그만큼 많이 질 수도 없을 것이다. 하지만 추첨해서 엄청나게 기다려야 30다이에서 할 수 있었고 한번 일어서면 다시 참석 못 하니 자리가 아까워 오래 하게 되고 오래 하면 바카라는 지게 된다. 너무나 많은 인파에 치이며 나 자신 초라한 생각이 들어 내 일생 딱 세 번 갔다. 한국에서 이런 정도나마 카지노가 생긴 게 감사해야 하는 일일까? 또 지더라도 공공기관이니 (나라에 바치는 것이라) 덜 아깝게 생각해야 할까? 알 수 없는 일이다.

6. 그림에 관하여

바카라 테이블에는 보통 모니터에서 진행되는 게임의 결과를 기록하여 보여준다.

게임에 참여하는 사람들은 그 그림을 보며 다음에 나올 것을 예측하여 베팅하게 된다. 곧 뱅커와 플레이어의 확률이 그때그때 1/2이지만 그것들이 나오는 결과를 보면, 어떤 패턴을 보여주는데 그것을 그림이라고 한다. 그것이 규칙적인 패턴을 보여줄 때는 '그림이 좋다.'라고 얘기를 한다.

모니터는 나라나 카지노마다 다르기도 하고 비겼을 때

표현하거나 뱅커가 6으로 이겼을 때, 8, 9의 승리를 따로 표현해주기도 하고 여러 방식이 있다. 대부분 그것을 참고하여 게임운영에 상당한 도움을 받는 듯하다.

나의 경우 독일 슈투트가르트의 한 카지노에서 푼토방코(유럽에서 부르는 바카라의 다른 이름)를 할 때 모니터가 아예 없어 수기로 기록하며, 했지만 감각을 잡아 나가는 데 어려움을 겪은 경험도 있다.

모니터의 한 예

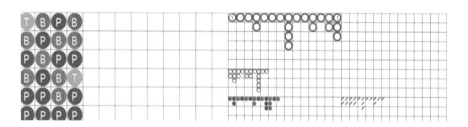

왼쪽의 6개씩 포개져 표현해주는 것은 육매(Master Road)라고 부른다.

타이가 되었을 때는 녹색으로 그림을 보여주고 있다.

타이가 나온 뒤 뱅커, 플레이어, 뱅커, 플레이어 그리고 플레이어 등으로 나온 결과를 보여주고 있다. 한 슈(게임)이 끝날 때까지 실시간으로 보여준다. 우측 상단의 그림을 원매(Big Road)라고하며 우리가 참고하는 가장 기본적 그림이다.

그 밑의 작은 동그라미들은 패턴이 변화하는 경향을 근거로 하여 예측하는 것으로 각각

중국점 1군(Big Eye Road), 중국점 2군(Small Road) 그리고 그 우측의 사선으로 보여주는 것은 중국점 3군(Cock roach Road)라고 한다. 예측하고 싶은 마음은 서양인도 마찬가지, 몬테카를로에서도 중국점을 참고해 이러쿵저러쿵하며 베팅하고 있었다.

그림의 패턴들은 간단하게 밑줄, 옆줄(핑퐁 속어로 '깔록이'라고 부르는 사람들도 있다), 불규칙한 것 세 가지로 나눌 수도 있지만 모든 패턴들을 정리해보면 다음의 것들에 포함될 것이다.

1.밑줄(Dragon)　●: 뱅커　●: 플레이어

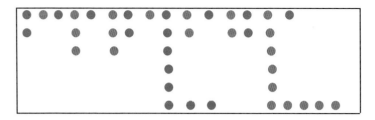

2. 옆줄(Ping pong)

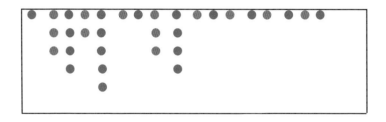

3. 두 줄(Double story line)

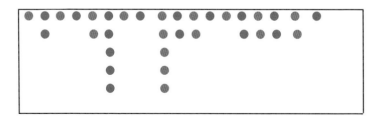

4. 뱅커 두 줄 (Two Red story line)

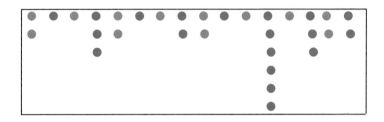

5. 두 개짜리 (Two cut)

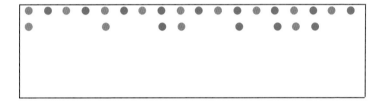

6. 석 줄 (Triple)

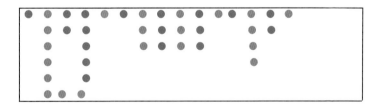

7. 세 개짜리(Three cut layout)

8. 뱅커 석 줄(Three red cut storyline)

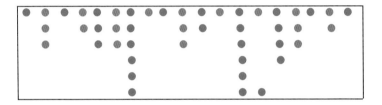

9. 넉 줄(Four cut layout)

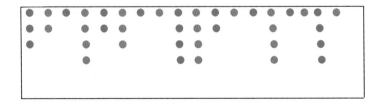

10. 뱅커 한 줄 (No red story line)

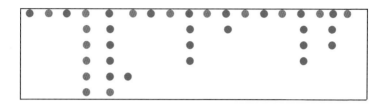

그림들을 참고해서 다음의 것을 예상하는 것은 감각(촉)에 대부분 의존한다.

B	P	B	P	■	

■는 B일 것이다, 라고 판단하며 승리할 가능성이 크다.

B	P	B	■		
B	P	B			
B	P	■			

■는 보통 B로 예상 판단할 것이다.

P	B	P	B	■	
	B	P	■		
	B	P			
	B	P			

■는 보통 B일 것으로 생각한다.

P	B	P	B	■	
P		P	■		

■는 P라고 생각될 것이다.

❶	❺	❾	■		
❷	❻	❿			
❸	❼	■			
❹	❽				

■는 P라고 생각될 것이다.

여기서 중국점 원리를 살펴보자. 만드는 원리는 1,2,3군 비슷하다. (중국점 2군의 예)

원매 ① 플레이어 ③ 뱅커

①	③	⑤	⑦	⑫	⑬	⑯	⑳	
②	④	⑥	⑧		⑭	⑰		
			⑨		⑮	⑱		
			⑩			⑲		
			⑪					

중국점

●	●	●	●	●	●	●	●	
●	●		●	●	●	●		
●								

이렇게 중국점이 형성되는 과정을 보자.

①	③	⑤	■					
②	④	■						

중국점은 앞의 데이터의 이동(변화)경향을 참고하여 다음을 예측하는 것이다.

중국점 2군은 세 번째 칸 곧 위 표의 ▒에서부터 비교 기록을 시작한다.

⑤번 다음의 ⑥은 원매에서 보듯 플레이어가 승리하여 ⑤ → ⑥은 ① → ②와 비교할 때 같으므로 ●가 기록된다.

⑦은 뱅커가 이겨 ② → ③과 비교하여 ⑥ → ⑦은 같아서 ●

③ → ④와 비교하여 ⑦ → ⑧이 같으므로 ●

①	③	⑤	⑦		
②	④	⑥	⑧		

●					
●					
●					

그다음 ④ → ⑤와 비교하여 ⑧ → ⑨는 다른 경향이므

로 ●

①	③	⑤	⑦		
②	④	⑥	⑧		
			⑨		

●	●				
●					
●					

그다음이 문제이다.

①	③	⑤	⑦		
②	④	⑥	⑧		
	X		⑨		

⑨ → ⑩을 2열 전과 비교해야 하는데 없으므로 같은 색

이 이겼으므로 ●

　　⑩ → ⑪은 마찬가지 이유로 ●

　　⑪ → ⑫는 ⑤ → ⑥ 비교하니 틀리므로 ●

●	●	●	●		
●		●			
●					

　　이런 색으로 두 줄 앞서가다 보면 이른바 예측할 수 있

는 것이다.

●	●	●	●	●	●	●	●	
●		●	●	●	●	●		
●								

중국점1군, 3군도 비슷한 원리(시작 비교점은 다르다.) 이지만 여기서 생략한다. 왜냐하면 우리가 일일이 중국점을 만들어 볼 필요가 없다. 모니터에서 다 보여주기 때문이다.

다시 한 번 정리를 하면 그것은 패턴이 변화하는 경향을 근거로 하여 다음의 것을 예측하는 것으로 원매의 패턴에서 파생된 것으로 1, 2, 3군의 예측이 각각 다를 수 있다. 여기서 모니터의 중국점을 참고하는 데 중요한 것은,

●이 뱅커라거나 ●이 플레이어라는 게 아니다.
●는 그림의 패턴대로 나온다는 긍정을 말하고
●은 부정, 곧 반대로 나온다는 예측이다.

필자는 한때 그것을 이용해보기도 했으나 지금은 무시하는 편이다. 미신이나 점을 믿는 성격도 아니거니와 항상 게임을 단순하게 생각하려는 의도에서이다.

중국점이 맞아 들어갈 때는 척척 이지만 틀리는 때도 많다. 항상 맞아 떨어진다면 세계의 카지노에서 그것을 왜 친절하게 보여주겠는가. 하지만 우리는 그곳에서 보여주는 그림을 언제나 참고할 필요가 있다.

30년을 바카라 연구한 사람이나 포커기타 모든 게임의 달인도 그다음에 뱅커, 플레이어 무엇이 나올 것인지는 알 수가 없다. 카지노에 처음 가서 세 번째 베팅하는 사람과 다를 바 없을지도 모른다. 이 순간 어디로 갈까 결정하는 그럴 순간 머리가 아프지 않고 결정할 수 있는 지표라고 생각하면 무방할지도 모르겠다.

● ● ● ● ● ● ● ● ● ● ■

이 순간 ■의 자리를 ●라고 생각하여 플레이어에 풀베팅하고 싶어진다. 하지만 바카라는 규칙적으로 숫자가 나열되는 (수열이라고 하던가?) 수학 시간도 데칼코마니 아니면 몬드리안의 구성 등 그림을 공부하는 미술 시간도 아니다.

그림을 보면서 정하는 고독한 결정자의 시간일 뿐이다.
던져지는 주사위는 기억력도 양심도 없다. 그렇듯이 바카
라에서 다음 뱅커인지 플레이어인지는 정말 모를 일이다.
그래서 조심하고 또 조심해야 하는 게 바카라이다.

Joker. ink&color pencil on paper. 10.2x14.9cm. 2019

7. 하지만 바카라를 하면 패가망신하게 된다.

홀짝 게임을 하는 것 같은 바카라.

뱅커 혹은 플레이어에 돈(칩)을 걸면 둘 중 하나가 이기게 되는 단순한 방식으로 감(感)이 좋은 때는 순식간에 짭짤한 금액을 쉽게 벌 수 있다. 바카라를 해본 사람이라면 한 번쯤 돈을 따본 경험이 있을 것이다. 상당히 그럴듯하게 전해지는 말 중 하나는 '노름은 초보자가 따는 경우가 있다.'이다. 그 달콤한 기억이 우리를 그 게임으로 이끌며 심지어 자기 자신의 적성에 맞으며 스스로를 우수한 존재로 착각하게 할 수도 있다.

바카라도 그렇게 다가온다. 몇 분 사이에 큰돈을 벌게 도 해준다. 또한, 승리했을 때 그 기분 짜릿하다. 하지만 게임의 룰(복잡한 것은 아니지만)에 익숙해지고 카지노 출입 경력이 쌓일수록, 승리의 비결을 연구하고 경험담과 know-how의 견문이 많아질수록 바카라는 어려워진다.

그리고 자신의 재정, 재산 상태는 빈약해진다.

실제로 그 승부는 자금, 시스템과 조직, 기계와 시설 등 모든 면에서 막강한 카지노를 상대로 하는 것이어서 지기 쉬울 수밖에 없다(007영화처럼 참가한 타인과 승부하는 게 아니며 반대쪽에 걸어도 각각 카지노와 게임을 하는 것 이다).

바카라를 해본 누구나 겪어보는 경험으로 야금야금 이겨서 모은 돈(칩으로 대체되어 훨씬 가볍게 다가오지만) 거액을 순식간에 날려 버리게 되는 경우가 있다. 그런 경우는 여러 이유, 만족하지 못하거나 조금만 더하자는 욕심, 딜러 혹은 동반자나 옆 사람, 자존심, 착각, 신기루에 불과한 확신 등 너무나 많은 이유에서 비롯된다.

그것은 일반적인 노름이나 축구 시합처럼 끗발이나 흐름 혹은 기세와 관련지어 볼 수 있다. 하지만 바카라 게임은 훨씬 마(魔)적으로 느껴지는 게 있음을 우리는 겪게 된다. 그것은 바둑(단순히 이기는 것 이상 방내기 같은)을 두다가 손 따라 둔 악수에 대마가 죽거나 하면 연이은 실착, 더 큰 악수를 불러오는 것을 경험한다.

골프를 칠 때 지난 홀 버디를 놓친 생각에 오비(OB, out of bound)를 또 낸다. 약간의 lose가 있을 때 조급함, 자존심, 본전생각 등등의 이유로 흥분하게 된다. 심한 경우 속된 표현으로 '뚜껑이 열려' 자기 스스로를 위험에 빠트린다.

스쿠버다이빙을 예로 들어보자.
이런저런 컨디션의 저하, 장비의 고장, 조류나 큰 파도 등의 이유들이 겹칠 때 사고의 가장 큰 원인은 당황하는 것이다. 그게 심해지면 패닉상태가 되어 큰 사고로 연결될 수 있다. 이런 경우 사고 방지 첫 번째 행동요령은 움직임을 '멈추라' 이것이다.

물에 빠져 허우적대는 사람에게 구하려는 사람이 다가가면 끌어당기고 둘 다 위험해진다. 계속 흥분하는 것, 바카라게임에서는 이것을 '끌어당김의 법칙'이라 표현하며 중국에서는 '항복'이라는 한자어를 쓰고 있다.

'오링되면 안돼' 하면 오링된다. '늑대 생각 하지 말자'라고 주문을 외울수록 늑대는 머릿속에 떠오르는 것이다. 골프에서 티잉그라운드에 선 초보자에게 오른쪽은 오비이니 조심하라고 주의시키면, 그는 오히려 오른쪽으로 공을 보낸다.

바카라에서 지면 더 크게 베팅하게 되며 결국 더욱 돈을 잃게 된다. 자기 자신이 패배의 날카로운 못들을 붙여 모으는 자석처럼 더 큰 패배를 불러오는 것이다. 근근이 이

긴 바카라의 승부는 안개처럼 사라지고, 패배의 잿더미 위에 앉아있는 자신을 뼈아프게 느낀다.

하지만 이런 실패 후에도 작은 승리의 기억이 주는 달콤함에 빠져 바카라 또 게임장을 찾아가게 된다. 이런 일들이 반복되어 끝에는 재산이 모두 순식간에 '녹아' 사라질 수 있다. 작은 승리의 기억이 주는 달콤함, 본전 생각, 다음에 이길 것 같은 환상들 때문이다.

누구나 말하는 이기는 베팅법은 먹을 때 크게 베팅하고 질 때 작게 베팅하라는 것이다. 나 자신 스스로 생각해보면 그 반대인 경우도 많을 것이다. 과연 이기고 질 때를 어떻게 알 수 있을까? 나도 모르게 칩이 불어 날 때가 있다. 하지만 대다수의 우리는 멈추질 못한다.

명절날 친척끼리 고스톱을 쳐도 소위 끗발은 돌고 돈다. 따고서 멈추지 못해(체면이나 기타이유 혹은 욕심 때문에) 나중에는 밑지게 마련인데, 카지노 게임은 그런 소소한 곳에서 하는 게 아니다.

우리는 대부분은 평범한 사람들일 것이다. 야구의 홈런 왕이나 바둑의 대 국수가 아닌데(행운이 계속 있을 것처럼 착각하진 않아도) 쪼끔만 더, 더 하다가 썰물을 맞이하고 본전생각에 손이 커지고….

모든 노름이 그럴 것이다. 오래 하면 밑진다(삼일 주야 마작을 친다면 돈은 하우스주인에게 개평으로 다 가게 되어 있다). 크게 해도 밑진다. 계속하면 오래 앉으면 안 되는 것이다. 게임에서 어느 정도의 돈을 따게 된다면 좋은 그림을 만나게 돼도, 미련을 두지 말고 다른 테이블을 기웃거리지도 말고 호텔 룸으로 돌아가야 한다. 또 패배한 때 흥분한 상태에서는 다시금 돈을 준비해온다 한들 재도전의 의미는 무색하게 사라질 것이다. 그렇게 바카라는 어려운 것이다.

단추 하나를 잘못 꿴 듯 연속된 패배 후에는 정신을

가다듬지 못해 계속되는 게임에서, 본 실력이 발휘되지 못하기가 십상이다. 오래전 마카오에서 나는 며칠 경비는 건졌다 하며 콧노래를 부르며 방으로 돌아가고 있었다. 입구와 가까운 테이블에서 몇 사람이 게임들을 하고 있는데,

우쭐한 심정으로 내다보았다. 그런데 그림이 밑줄일 수도 있겠다 싶어 한 unit를(그냥 안 맞아도 들어가야지 생각은 하며) 베팅했다.

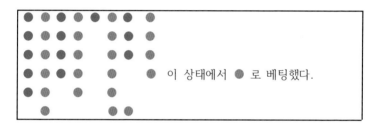

이 상태에서 ● 로 베팅했다.

웬걸 ●이 나왔다. 처음 져도 들어가겠다는 결심과 달리 다시 손이 나갔다.

●에 두 unit 베팅하니 ●이 나왔다. 자존심(?) 상해 그럼 다시 해서 ● 찍으니(4unit) ●이 나오는 것이었다.

● ● ● 이런 식으로 옆줄처럼 나오는 것이었다.

●(반사적으로)에 10unit 찍으니 ●이 나오는 것이었다.

네 번이나 연속 틀리니 날아간 것이 17unit 분노게이지 상승(?), 그 후 결말은 상상에 맡기겠다.

비슷한 시기 마카오 포시즌호텔 플라자 게임룸에서 크게 베팅하는 중국인을 구경하게 되었다.

이 상황 이후

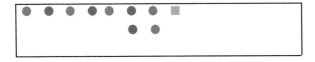

옆줄(핑퐁)스타일에서 카드 쪼으는 제스쳐도 크게(중국인들 보통 그렇다.) 계속 먹더니

■이 차례에 25만 불(홍콩달러 한국돈 3,500만 원쯤) ●에 베팅하니 ●이 나와 다 날리는 것이었다. (그 앞에도 그림이 순조로워 나도 ● 예상함)

이렇게 확신에 찬 큰 베팅이 그만한 손실을 주는 것은 비일비재하다.

라스베가스 MGM(The Mansion)에서 내 옆자리에서 LA사는 한국 변호사와 그 친구가 각각 2만 불(이천만원 좀 넘는다) 정도 가지고 즐겁게 게임을 하고 있었다. 적은 금액으로 게임을 즐기던 나는 그들에게 방해되는 것 같아 일찍 자리를 떴다.

다음 날 저녁에 다시 가니 그곳에서 그들은 게임을 하고 있었다. 계속했는지 다른 일 하다가 왔는지는 모르지만, 칩이 쌓여 그들이 승리 한 것 같아 나도 즐겁기도 하고 부러운 생각도 들었다.

놀랄 일이 벌어졌다. 굉장히 크게 베팅하는 것이었다. 칩 크기로 봐서 그리고 나의 눈썰미로 계산하니 육만 불 정도 올인한 것이다. 그런데 베팅한 곳 반대가 이겨버렸다. 져버린 것이었다. 망연자실, 그들과 낯익은 나로서도 보기가 민망하여 다른 자리로 피하고 말았다. 한참 후 그쪽을 보니 손을 털고 게임하는 친구 옆에서 구경하는 듯하였다. 나중에는 그 친구도 다 져버린 것 같았다. 모를 일이다.

이십여 년 전의 일이다. 일본 시미즈(清水)건설의 한 중역이 제주도에 왔다. 안내 역할 나는 당시 제주도 그랜드호텔 카지노에 같이 가게 되었다(물론 내국인인 내가 플레이한 것은 아니다). 그날 그는 운이 좋았는지 2천만 엔(당시환율로 한국 돈 이 억원정도)쯤을 땄다. 어마어마한 행운이라고 같이 온 가지마(鹿島)건설의 나와 친한 사람도 부러워 하는듯하였다.

같은 곳에서는 더하기가 미안했을까. 그만하면 안 되었을까. 다음날 중문에 있는 신라호텔에 가서 그 행운의 사나이는 본전까지 포함하여 총 삼 천만 엔을 날렸다.

여기 전설적인 플레이어 중 한사람이 있다(1992년 뉴욕

타임즈에 실렸던 이야기이다). 일본인 아키오 카시와기(栢木昭男)라는 부동산투자가이다. '고래'라고도 불렸고 라스베이거스의 한 임원에게서 바카라 세계 최고의 선수로 여겨졌다. 주로 라스베가스와 애틀란틱시티에서 고액의 베팅을 즐겼다.

한 번에 한국돈 크기로 2억 원 정도를 베팅하기도 자주했고 트럼프카지노에서 이틀 밤에 육십억 원 이상을 따기도 했다(이틀 정도는 잠도 안 자고 플레이하기도 했다고한다). 후에 일본 후지산 근처의 자택에서 난자당한 시체로 발견되었다고 신문에 보도되었는데, 빚에 의한 죽음이라는 추측도 있었다. 그가 남긴 미국의 카지노 여기저기의부채는 당시, 몇백억 원 이었다고 한다.

마카오나 필리핀 혹은 베트남의 다낭, 라스베이거스 기타 등지에 여행 가서 바카라를 하는 사람들은 누구나 느낄 것이다. 돈을 꽤 딴 것 같은데 경비(환전 등을 포함한)나 식비 등을 쓰고 나면 남는 것은 없는 듯한 것이다.

바카라에 빠지게 되면 일 년이 채 안 되는 시간에도 파산되는 것도 어렵지 않을 것이다. 내가 젊었을 때 보면 당구배우며(당구에서 작은 내기는 보통이다) 집을 날리는 친구도 있었으니, 카지노는 어떻겠는가.

어쩌다 큰돈을 따는 게 무슨 의미가, 이득이 있을까. 만약 땄을 때 중단하고 손을 씻는다면, 물론 될 일이지만 그런 것이 가능할까. 다시 가면 돈이 벌릴 텐데 하는 생각, 그 불로소득의 유혹이 얼마나 달콤하게 다가오는가.

어떤 직업인이 화투도박에 취미를 붙였다. 쓰리고 한번 때리니까 3분에 몇만 원이 생기는데 땀 흘려 일하는 게 어리석은 것 같아진다. 푹신한 방석 위 승리의 쾌감을 느끼며 돈도 얻게 되는데, 직업으로부터 오는 스트레스와 함께 일하고 싶겠는가.

카지노는, 바카라는 어떻겠는가. 오죽하겠는가. 그런 것을 눈이 어두워지는 것이라고 말할 수 있겠다. 사람이 눈이 어두워지면(자신은 모른다면) 어떤 길로 걸어가겠는가?

카드1. ink&colorpencil on paper. 14.9x10.2cm. 2019

8. 바카라 살아남기

방콕의 한 서점에서 'The Perfect Betting'이라는 책을 사서 보았다.

나중에 보니 한국에도 "수학자는 행운을 믿지 않는다"라는 제목의 번역본도 나와 있었다. 자신에게 유리한 운을 설계한다 식이다. 그럴듯하지만 블랙잭이나 룰렛에서 부분적으로 적용될 수 있을 뿐이다(카드 카운팅 같은 것도 보통사람에게는 흉내 내기 어려운 일이다. 노력한다고 바둑의 조훈현이나 골프의 최경주가 될 수 있는 것이 아니다).

바카라는 어떤 조언도, 전면적으로 의존할 수 있는 이론이나 책은 없다. 바카라에 관한 책으론 진킴의 '카지노 시크릿'은 아주 훌륭한 책이라 생각된다. 경험 많은 저자는 여러 사례와 기본적인 태도의 좋은 조언들을 책에 다양하게 싣고 있다.

하지만 구체적으로 자잘한 게임의 테크닉, 그 조언은 누구나 할 수도, 받을 수도 없는 것이다. 일반적인 이론(게임에 유리할)은 보이지 않는 기본적인 게임에 응하는 방식에 영향을 주며, 하나하나 본인이 느끼고 겪으며 가꾸어져서 자신감에 보탬이 될 뿐이다.

내가 발견해 실천하며 재미 보고 있는 시스템을 나는 '골프시스템'이라 이름 지었다. 지금 공개, 설명해 드리고자 하는 이 시스템은 단순한 베팅방식일 수도 있지만, 나는 훌륭하다 믿고 의존할 수 있었다. 또한 피해를 줄여주고 자괴를 방지하였다.

골프선수들이 매일 연습을 부지런히 하는 이유는 시합 당일, 부담받는 상황에서 몸의 기억으로 스윙을 제대로 하고자 함이다. '골프시스템'은 여러 정신 상태, 컨디션에서도 베팅하는 것, 베팅량을 억제하고, 기계적으로 조절하는 데 있다. 스스로 상상하는(다음을 예상하는) 그림이 맞아 들어갈 때 수익을, 그렇지 않을 때 무너지는 것을 방지하는 것이다.

이것은 TV에서 방영하는 골프대회를 시청하다가 우연히 내가 생각했다. 그리고 카지노 바카라게임에서 적용했다. 이것은 돈을 많이 딸 생각으로 게임을 하는 사람에게는 맞지 않은 시스템이다.

하지만 나처럼 카지노게임을 즐기는 차원에서 하며 돈을 잃고 싶지 않은 사람에게는 맞아 떨어질 것으로 생각했다. 나는 그러고 나서부터는 언제나 약간씩 돈을 따고 있지만, '골프시스템'은 '바카라 이기기'라기보다 '바카라 살아남기'라고 해야 맞을 것이다.

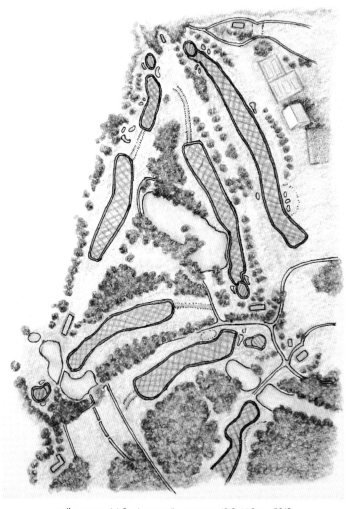

golf course. ink&color pencil on paper. 10,2x14,9cm. 2019

앞 그림은 미국 매사추세츠의 한 골프코스의 부분이다. 티잉그라운드에서 시작한 한 홀의 경기는 3~5의 타수에 끝나는 것을 표준이라 정해, 그것을 파(Par)라 부른다. 정규 골프 경기는 세계 어느 곳에서나 18홀 하는 것으로 한다.

파 5홀은 롱홀, 파3홀은 숏홀이며 평균인 파4홀은 미들홀이라 한다. 전체의 파수는 4×18(홀) 이므로 보통 72가 된다. 여기에서 나는 착안했다. 바카라 한 슈에서 나는 18게임을 하며 베팅양은 72unit로 하기로 정한 것이다.

그 골프장의 파(par)수는 다음과 같다.

Hole	1	2	3	4	5	6	7	8	9
Par	4	3	4	4	4	4	3	4	5
Hole	10	11	12	13	14	15	16	17	18
Par	4	4	4	4	5	4	3	4	4

합계 71

위 표를 가지고 내가 바카라 게임을 한다면 7,100불만 큰 칩을 준비한다(애를 들어서 금액 곧 unit를 정한 것이므로 적게 710불도 좋다).

그림을 보고 자신감이 들 때 첫 베팅을 한다.

맨 처음 400불 베팅, 그다음 300불,

혹시 틀리거나 미심쩍을 때(타이, 딜러 바뀌거나 하면 쉰다) 그다음 400불

이런 식으로 베팅을 하는 것이다.

18번 베팅하면 게임을 쉰다.

바카라의 유리한 점, 테이블이나 베팅 여부 선택 등이 있으므로,

보통 승률 50% 이상 되므로 게임을 끝내고 보면,

보통은 7,100불보다 불어나 있을 것이다.

연승을 많이 한 때는 상당히 많을 것이고

졌을 때가 많아도 피해가 적음을 알게 될 것이다.

물론 모험을 하더라도 일확천금하려는 사람은

이 시스템을 쓸 필요가 없다.

이 시스템은 강조하지만 살아남기 위한 시스템이지

위험한 도박시스템은 아니기 때문이고,

무엇보다도 운이 나쁜 날도 오링되거나 큰 피해 입는 것은 없어진다.

표를 보면서 게임할 수는 없으므로 골프를 하는 사람들은 자기가 회원인 골프장 혹은 자주 가는 곳의 골프장 홀들을 기억하게 마련이므로 그것을 떠올리면 된다. 골프를 모르는 사람들은 집에서 가까운 곳의 골프장 야대지표(스코어카드)를 구해 외우면 된다.

그리고 나서 자연스레 베팅양을 척척 조절하는 것이다. 딜러나 주변 사람들은 내가 연승이나 하면 베팅양을 3, 4 또는 5 체인지하는 것을 보고, 신비스럽게 바라볼 뿐이다.

다시 한 번 설명해보겠다.

올해 봄 타이거우즈가 인간승리를 거둔 마스터즈대회. 그 골프시합이 열리는 오거스타 내셔널 골프크럽(Augusta

National G.C)의 표이다.

홀수	1	2	3	4	5	6	7	8	9	10	11	12	13	14	15	16	17	18
파	4	5	4	3	4	3	4	5	4	4	4	3	5	4	5	3	4	4
합계									36									72

이것을 이용해 시스템 적용 바카라를 해보면, (임의로 승패를 정해 시뮬레이션) 72개로 시작 ●:승리 ×:패배

게임	1회	2	3	4	5	6	7	8	9	10	11	12	13	14	15	16	17	18
베팅단위	4개	5	4	3	4	3	4	5	4	4	4	3	5	4	5	3	4	4
손익(승패)	●	●	×	●	×	●	●	×	×	●	×	●	●	●	×	×	●	●
총량	76	81	77	80	76	79	83	78	74	78	74	77	82	86	81	78	82	86

미심쩍으면 쉬고 확신이 들 때 베팅 횟수를 이어나가는 것이므로, 이 정도의 승수는 보수적인 판단이다.

그래도 10개의 칩을 딴 채 한 번의 바카라게임은 끝났다.

곧 19.4% (10/72 × 100)의 수익을 올린 것이다.

이 시스템을 적용해서 바카라를 하다 보면 큰 피해가 없는 것 때문에, 스릴이 적고 더 먹을 수 있을 텐데 하는 아쉬움 때문에 게임하는 재미가 적다.

하지만 명심하자. 지금까지 바카라 때문에 느꼈던 비참했던 기억을.

또 한 가지 정말 주의할 일

이 시스템으로 게임을 한다면 어떤 확신이 있어도 크게 베팅하면 안 된다.

이런 것이 싱겁다고 골프 시스템대로 하다가 큰 베팅한 것이 날아가 버린다면, 우리는 '먹을 때 찔끔찔끔 그리고 왕창 날리는' 전형적인 바카라 바보가 되어버리는 것이기 때문이다.

골프시스템은 돈을 따는 시스템이 아니다. 열 받거나 욕심이 생겨도 표대로만, 베팅하여 나를 지키는 시스템일 뿐.

곧 바카라 살아남기 일뿐이다.
바카라의 뜻은 0, '죽음'이 그 본뜻이다.
거기서 망하거나 죽지 않는 것이 골프시스템인 것이다.

나는 국내 골프장 (27홀 규모의 P 골프장)을 택하여 그대로 혹은 조금 변형시킨 P-1 시스템, P-2 시스템, P-3 시스템(27회 게임)으로 하고 있다.

컨디션이 좋았는지 잘되는 날은 이렇게 제한된 베팅으로 50% 가까이 승리하는 경우도 있었다.
아래가 그때의 출목표이다.
나는 콧노래를 부르며 카지노를 나와서 몹(마피아)박물관 구경을 갔다.

○ 뱅커 ○ 플레이어   하단 ○ 승리 ×패배 △ 쉬거나
비김

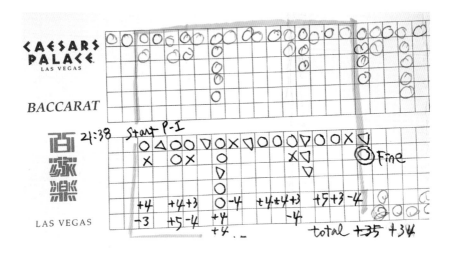

부록

부록 1. 출목표(出目表)

카지노 바카라게임에서 나온 결과들의 예이다.

동일한 대포에서 나온 포탄들도 같은 구덩이를 만들지는 않는다.

하지만 그저 감각을 익히는 데 참고하면 되겠다.

감각은 기타 연주할 때도, 바둑 행마에도, 바카라에서도 필요하다.

이것들은 근년(近年)의 것으로 내가 직접 겪거나 본 것이다.

비기거나, 뱅커 6의 승리, 내추럴 9의 승리 등의 표시는 생략된 게 대부분이다.

마카오 MGM(코타이) ● 뱅커 승 ● 플레이어 승

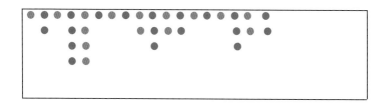

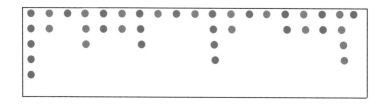

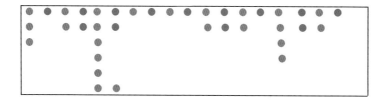

이곳은 분위기도 좋고 넓다.

카지노 내의 면류 등 음식은 포인트로 먹을 수 있는데
맛있다.

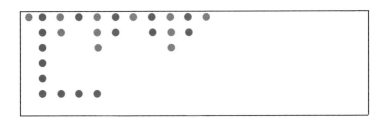

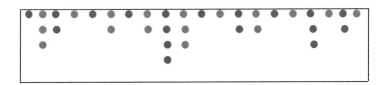

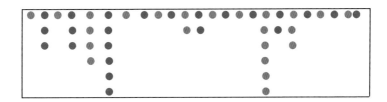

마카오 윈즈팔레스(Wynn)

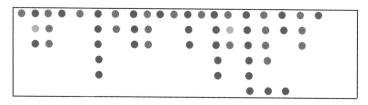

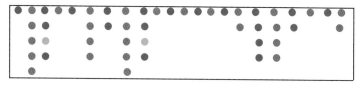

고급스러운 분위기이다.

마카오 포시즌호텔 (플라자게이밍)

● 뱅커 승   ● 플레이어 승   ● 비김

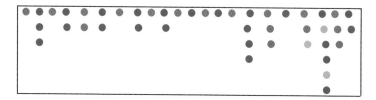

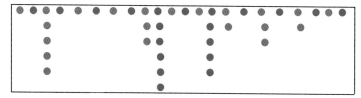

산뜻한 분위기이지만 규모가 작고 손님이 적어 부담스
러운 곳이다.

마카오 베네치안(Sands) ● 뱅커 승 ● 플레이어 승

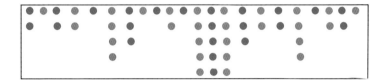

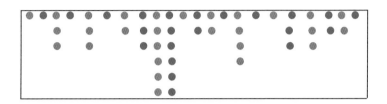

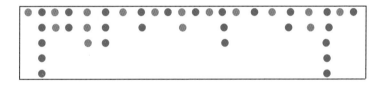

마카오 히말라야게이밍(Sands)

● 뱅커 승　● 플레이어 승　● 비김

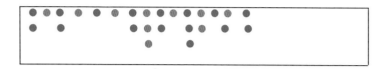

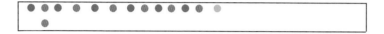

크라운 카지노(베트남 다낭)

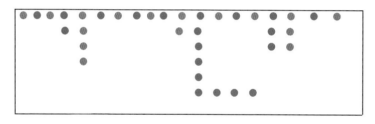

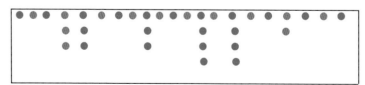

다낭에서는 거의 유일한 곳. 아담하다.

힐튼호텔 마닐라(리조트월드)

● 뱅커 승   ● 플레이어 승   ● 비김 ⑥ 뱅커 6승리

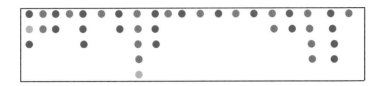

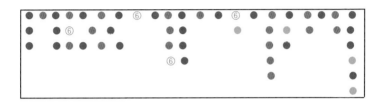

마주 보는 건물이 둘 다 카지노. 시티오브 드림(하이야 트호텔), 솔레어, 오카다호텔 등도 마찬가지로 입구에서 차들(폭발물점검)과 사람에 대해 검문이 심하다.

한국 사람들도 많이 보인다.

리조트월드 센토사(싱가포르) ● 뱅커 승 ● 플레이어 승

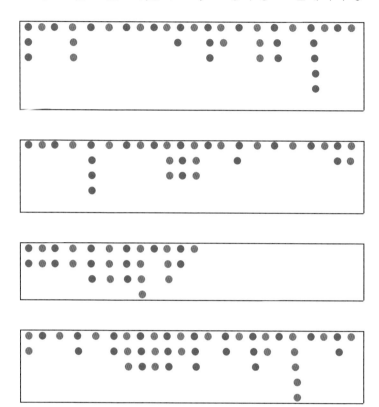

규모 크고 센토사섬(트럼프 회담했던 곳)으로 싱가폴 카지노는 멤버카드가 있어도 반드시 여권을 휴대해야 하며 입국스탬프 등도 확인을 한다.

마리나 베이 샌즈(싱가포르) ● 뱅커 승 ● 플레이어 승

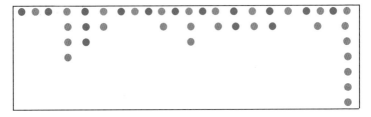

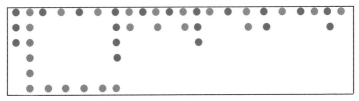

쿠르즈 선 모양의 싱가포르 랜드마크 호텔 앞 거대한 카

지노.

마리나 베이 (VIP룸)

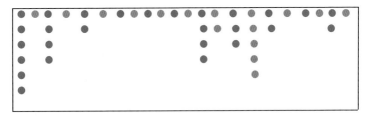

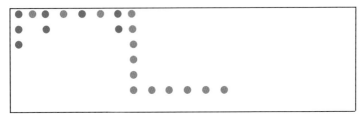

겐팅 하일랜드 플래티늄룸(말레이시아)

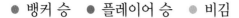

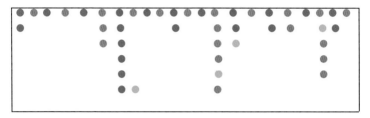

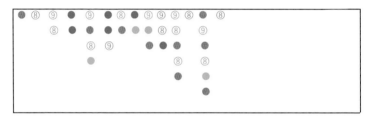

겐팅 하일랜드 골드클럽

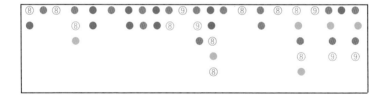

겐팅은 고원지대로 시원하지만 카지노 말고 할 게 없고 걸어 다니기 나쁘다. 언제나 북적거린다. 바카라 게임에서 이곳은 특이하게 이긴 상태에서 상대방이 카드 받을 때 보험제도가 있어 반대편에 칩을 걸 수 있다.

더 맨션(MGM 그랜드, 라스베가스)

● 뱅커 승 ● 플레이어 승

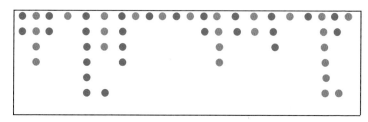

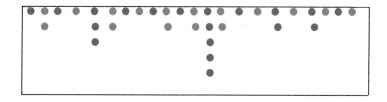

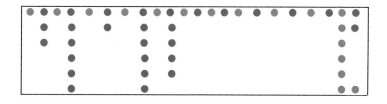

Wynn Las Vegas ● 뱅커 승 ● 플레이어 승

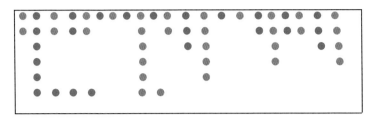

라스베이거스의 카지노는 그야말로 분위기가 좋다. 미국이니만큼 자유스럽고 복장도 천차만별.

Luxor 라스베이거스 ● 뱅커 승 ● 플레이어 승

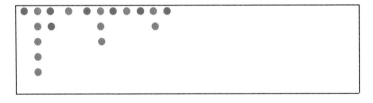

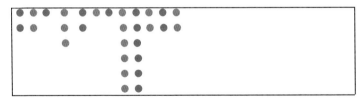

이집트 컨셉, 피라미드 모양 건물 내 카지노는 어둡고 침침하다.

Treasure Island 라스베이거스

● 뱅커 승　　● 플레이어 승　　● 비김(타이)

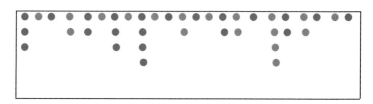

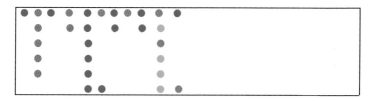

그 외에도 라스베이거스는 수많은 카지노가 있는데 그
야말로 카지노의 천국.

공항에도 슬롯머신이 설치되어있는 정도이다

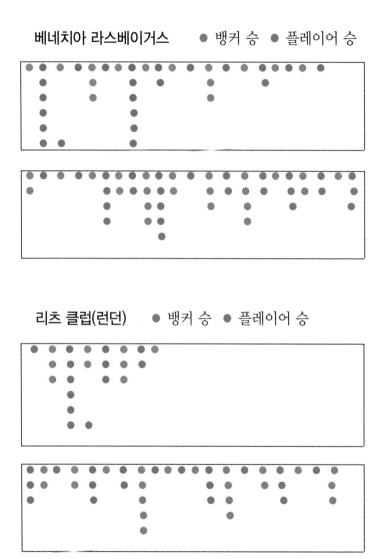

유럽은 바카라를 즐겨 하지는 않는 분위기이다. 이곳은

몬테카를로처럼 화려하고 귀족적인 분위기. 정장하는게 좋다. 건너편 거리 겐팅에서 운영하는 팜비치클럽이 있다.

부록 2. 수치(數値)와 관련된 것들

포커에서 원페어의 확률은 대략 42%이며 5장의 카드가 동일한 무늬인 플러쉬는 약 0.2%이다. 이러한 숫자나 확률은 '피타고라스의 정리' 같은 것처럼 오래전에 연구되어 알려져 왔다.

바카라에서도 필요한 확률, 상식적인 것들이 있는데 확률에 얽매어서 실패하는 경우도 있지만 보통 게임에서는 확률에 관한 이해나 통계적 사고방식이 반드시 필요하다.

오늘날 야구시합에서 그런 것들은 요긴하게 활용된다. 바둑에서 '정석을 익히라. 그리고 잊어버려라.'라는 격언이 있다. 확률에 지나치게 의존하여 큰 실패할 수 있는 것이 바카라이지만 모든 승부가 걸린 게임에서 또 알 수 없는 미래에 관하여 확률을 비추어보는 것이 그것을 잊어버리기 전에 기본적인 것이다.

그런 것들 중에서 바카라와 관련된 것들을 한번 살펴보는 것도 의미가 있을 것이다.

1. 조커를 제외한 트럼프 카드 52장을 늘어놓는 방법은 몇 가지일까?

52장의 트럼프에서 한 장씩 골라 순서대로 배열한다고 생각하면 된다.

답은 52!이며 곧 $(52 \times 51 \times --- \times 2 \times 1)$로 68자리의 수가 된다.

우주의 나이가 138억 년인데 이것을 초로 계산 해도 18자리에 불과하므로 68자리의 수는 너무나 커서 어지러울 정도이다.

트럼프 카드 한몫을 가지고 늘어놓은 것만 해도 같은 순번이 나올 경우는 제로에 가깝다고 할 수 있는 것이다.

2. 외국의 경우 8몫(덱, deck)의 카드로 바카라 한 슈를 진

행하며 우리나라 강원랜드는 1슈 6덱의 카드로 한 슈의 바카라를 진행한다.

6덱은 312장의 카드로 되어있다.

1회 게임에 소모되는 카드는 4.9인데 63회 할 수 있다.

(여기서 312/4.939446 이어서 63.16496—이다.)

하여튼 8몫을 섞는 외국 카지노의 방식이나 6몫을 섞는 방식 모두 바카라의 그림이 같은 것이 나오는 경우는 무한히 0에 가깝다.

3. 8덱 바카라를 시뮬레이션 해보면

4,998,398,275,503,360회를 했더니

2,292,252,566,497,888 뱅커 승리

2,230,518,282,592,256 플레이어 승리

475,675,426,473,216 타이가 나왔다고 한다. (뱅커승리시 커미션 5%)

뱅커	백분율	지불(pay off)	분담
승리	45.8597%	0.95	43.5667
패배	44.6247	-1	-45.8587
타이	9.5156	0	0.0000%
	100.0000%	엣지	-1.0580%

플레이어	백분율	지불	분담
승리	44.6247%	1	44.6247
패배	45.8597	-1	-44.6247
타이	9.5156	0	0.0000
	100.0000%	엣지	-1.2350%

그래서 어떤 영어책에는 잘 모르면 뱅커에 베팅하라. 타이에는 베팅하지 말라고 쓰여 있는 것이지만, 어디 까지나 선택사항.

바카라의 엣지(Edge)

8deck
- 뱅커 1.06%
- 플레이어 1.24%
- 타이 14.36%

6deck
- 뱅커 1.06%
- 플레이어 1.24%
- 타이 14.44%

4. 두 장의 카드 숫자가 합쳐져서 이루어지는 것은 바카라
   의 중요한 관심사이다.

   예를 들어서 0+0,1+9,2+8,-- 합이 0이 되는 경우

   　　　　0+1, 2+9, 3+8 – 합이 1이 되는 경우

   　　　　------------ 합이 9가 되는 경우를

   　　　모두 나열하여 계산하여 보면

   합이 0이 되는 것은 25조합이 있으며 14.8% 가 된다.

   0부터 9까지 모두 표로 나타내면 다음과 같다.

합	조합	백분율
0 이 되는 경우	25	14.8%
1	16	9.5
2	16	9.5
3	16	9.5
4	16	9.5
5	16	9.5
6	16	9.5
7	16	9.5
8	16	9.5
9	16	9.5
	169	100%

0이 많이 나오는 것은 두 장의 합에서 10, J, Q, K 모두 0으로 치기 때문이다.

5. 내츄럴 8과 9에 관한 숫자

처음 두 장의 합이 내츄럴(8이나 9)여서 이길 확률 16.25%

처음 두 장의 합이 내츄럴(8이나 9)인데 비길 확률 1.79%

내츄럴 8인데 9를 만나 질 확률	0.90%
내츄럴이 아니어서 8이나 9에 질 확률	15.35%
둘 다 내츄럴이 아닐 확률	65.72%

6. Non-natural 4 Card hands

플레이어 ●	뱅커 ●	승리	찬스
7	7	타이 ●	0.90%
7	6	●	0.90%
6	7	●	0.90%
6	6	타이 ●	0.90%
			3.59%

7. 5번에서 내츄럴이 34.28%

   4번에서 넉 장의 카드승부 3.59%

   이것의 합이 37.87%이므로

   5번째 카드가 주어지는 경우가 62.13%가 된다.

   5번째 카드를 보면

플레이어	플레이어 승리	타이	뱅커 승리	합계
7	70.63%	17.57%	11.79%	100.00
6	53.06	17.57	29.37	100.00
5	44.23	12.78	42.99	100.00
4	39.83	12.09	48.08	100.00
3	37.50	10.02	52.48	100.00
2	35.86	9.33	54.81	100.00
1	34.92	8.64	56.45	100.00

8. 3번에서 볼 수 있듯이 타이를 제외하면 바카라의 카지노 엣지(우세율)는 낮다고 볼 수 있다. (단 카지노에서 정확하게 설정시)

종목	카지노의 엣지
슬롯머신	0.3 ~35%
비디오 포커	0.4 ~28%
블랙 잭	0.6 ~55%
식보(Sic-bo) 다이사이	1%
바카라	1.06 ~14.36%
캐러비언 스터드포커	5.2 ~22%
Red dog	4%
빅 휠	15 ~24%
Keno 게임	25%

9. 아미르 D.악젤의 승리할 확률의 법칙

T 는 1- $(q/p)^n$ / $1-(q/p)^{n+i}$

T 목표액 벌어 드릴 확률

n 시드머니　　n+i 목표로 삼은 돈

q 1회 베팅시 잃을 확률　p 1회 베팅시 이길 확률

10. 카드 카운팅(믿거나 말거나)

게임을 하며 카드가 빠져 나가는 것을 헤아려 A~5는 -1

6~8 노 카운트하고 9,10,J,Q,K는 +1

나올 때마다 카운팅하여 (−)가 높아지면 A~5가 많이 빠진 것으로 뱅커●가 유리

반면에 (+)가 높아지면 낮은 카드가 많은 것으로 플레이어 ●가 유리

11. 흰 공 60개, 검은 공 40개가 들어있는 주머니 A와 흰 공 99개, 검은 공 한 개의 주머니 B와 A에서 흰 공을 꺼내면 10만 원, B에서 흰 공을 꺼내면, 오만 원을 준다 하고 검은 공을 꺼내면 돈을 못 받는다면 우리는 어느 주머니를 택할까?(박종하,『수학 생각의 기술에서』)

누구나 B를 택하겠지만 기댓값은 A는 $10 \times 60/100$으로 6만 원이고 B는 $5 \times 99/100$은 5만 원에 가깝다.

이렇게 우리는 모호한 선택을 하게 된다.

12. 고등학교 수학수준의 확률 정도면 충분하다.

바카라를 한다.

시행 횟수(n)	100	200	300	400	500	1,000
플레이어 이김(r)	53	113	186	242	301	599
상대도수(r/n)	0.53	0.565	0.62	0.605	0.608	0.59

플레이어가 이길 확률 P(A)는 0.6 통계적확률

13. 카지노 다이사이에서 생각해볼 수 있는 확률이론(홍성
    대의『수학의 정석』참고)

    서로 다른 주사위를 동시에 던질 때 눈의 합이 4 이상일
    확률은?

    서로 다른 주사위 모든 경우는 6×6에서 36

    눈의 합이 4 이상을 A라고 하면 눈의 합이 2,3인 것은

    (1,1) (1,2)(2,1) 세 가지 곧 1/12

    P(A)는 1-1/12이다 여사건

14. 마지막으로 게임 중에서 확률순서로 적어본다.

    나중에 것이 승률이 희박한 것으로 그 이유는 각자 생각
    해보자.

    1)바카라 2)다이사이 3)룰렛 4)블랙 잭 5)슬롯머신

    6) 빅 휠 7)캐리비언 스터드포커 8)경정 9)경마

    10)세븐 오디 11)바둑이 13)고스톱

    14)짓고땡 15)섯다   16)복권

부록 3. 내가 찍은 사진 두 장

라스베이거스의 하라스(Harrah's) 카지노 그 안에 있는 사람 크기의 인형이다.

웃고 있는 부인과 손잡은 남자가 그야말로 돈벼락을 맞은 장면이다.

그런 것들을 보며 우리는 환상을 가지며(망상이라는 게 정확한 표현이겠다) 당당하게 카지노를 들어선다.

그리고 나설 때는 한숨을 쉰다.

라인강을 건너온 로마군이 발견했다는 온천의 도시 비스바덴(Wieswaden)의 쿠어하우스(Kurhaus).

카지노와 오페라극장 동쪽 정원에 인상 쓰는 남자의 두상이 있다. 대문호 도스토옙스키(1821~1881『죄와 벌』의 작가) 이다.

그는 젊은 시절 러시아를 떠나 독일을 여행하다가 이곳의 카지노에서 룰렛으로 거액을 딴 게 불운이었다.

도박에 중독되어 끊임없이 쪼들리고 사랑도 놓치는 불우한 삶을 살게 된다. 도박이란 그런 것이다.

남에게 빚지게 하며 정상적인 삶을 포기하게 한다.

도박을 마약에 비유하는 사람들도 있다.

처음부터 카지노를 그중에서도 바카라를 접하지 않는게 최고이다.

도박을 하거나 약간의 행운이 있어도 그것을 벗어나는 것 탈출하는 것만이 바카라에서 살아남는 것이며 최고의 승리 비결일 것이다.